Daniel Seiler

Ein Wichtel
kommt selten allein

Impressum

Bibliografische Information der Deutschen Nationalbibliothek:
Die Deutsche Nationalbibliothek verzeichnet diese Publikation
in der Deutschen Nationalbibliografie; detaillierte
bibliografische Daten sind im Internet über http://dnb.dnb.de
abrufbar.

© 2022 Daniel Seiler

Herstellung und Verlag: BoD – Books on Demand,
Norderstedt

ISBN: 9783756216000

Ein Wichtel kommt selten allein

Daniel Seiler

INHALTSVERZEICHNIS

Die Weihnachtszeit ist für viele Menschen jeden Alters eine besinnliche und magische Zeit. Es werden Plätzchen gebacken, gemütliche Spielenachmittage miteinander verbracht und die eigenen vier Wände festlich geschmückt. Die Traditionen gestaltet sich bei jeder Familie ganz individuell, obwohl es viele Überschneidungen gibt. Dazu zählt beispielsweise das Schmücken des Christbaums. Zu Beginn wurden erst nur einzelne Äste oder Blätter des Wacholders oder der Stechpalme ins Haus gebracht und dienten dazu, um die Wintergeister zu vertreiben. Mit der Zeit manifestierte sich dieser Brauch jedoch und so begann man ab dem 18. Jahrhundert damit, ganze Bäume ins Haus zu holen. Dabei lag die Intention dann jedoch immer mehr darin, dass die Bäume auch für Fruchtbarkeit, Schutz und als Zeichen des Lebens stehen.

Weihnachtliche Traditionen sind also schon seit vielen Jahrhundert für die Menschheit sehr wichtig, zum einen, um den Glauben zu stärken und zum anderen, um die Zeit bis zum Weihnachtsfest abwechslungsreich zu gestalten. Eine solche Tradition kann auch für Kinder sehr wichtig sein. Denn gerade die Jüngsten warten sehnsüchtig auf die drei Weihnachtstage, in denen sie sich über Geschenke und die gemeinsame Familienzeit freuen.

Damit das Warten etwas leichter fällt, braucht es eine Beschäftigung, welche sich wie ein roter Faden durch den Dezember zieht. In Skandinavien hat man sich dazu etwas ganz Besonderes ausgedacht: Weihnachtswichtel. Diese bescheren den Kindern und ihren Familien zum einen Schabernack und lustige Aufgaben, die es zu bewältigen gilt und zum anderen auch viel Freude und Liebe. Dabei ziehen die Wichtel ab dem 1. Dezember in die Häuser der Familien und hinterlassen nach jeder Nacht einen Brief, welcher mit einer Geschichte oder einer Aufgabe versehen ist. Der Neuzugang ist dabei tagsüber nicht zu sehen, aber dafür in der Nacht umso aktiver und das könnt ihr nutzen, um euren Kindern eine abwechslungsreiche Vorweihnachtszeit zu bescheren.

Dieses Buch hat einen Vorgänger, welcher sich "Weihnachtswichtel Tomte zieht ein" nennt. Hier sind bereits einige abwechslungsreiche Aufgaben und lustige Briefe des Wichtels Tomte verzeichnet. Das Buch, welches ihr gerade in den Händen haltet, funktioniert jedoch auch ohne seinen Vorgänger und selbstständig, sodass jede*r die folgenden Seiten für sich und die Kinder der Familie nutzen kann.

Das Besondere an diesem Buch ist, neben den neuen Ideen, Anregungen und Impulsen, die Tatsache, das Tomte der Weihnachtswichtel dieses Mal nicht alleine kommt. Er bringt eine Freundin mit, die Yuna heißt und zusammen gestalten sie die Weihnachtszeit eurer Jüngsten abenteuerlich und abwechslungsreich und überbrücken so das lange Warten auf den 24. Dezember.

VORBEREITUNGEN

Ihr werdet ein Türchen basteln, durch das die magischen Weihnachtswichtel ein- und ausgehen werden, allerdings nur in der Nacht. Macht das auch den Kindern klar, denn solange sie nicht tief und fest schlafen, zeigen sich die Wichtel nicht. Sie treiben zwar viel Unsinn, sind jedoch vor Menschen sehr schüchtern und wollen nicht gesehen werden.

Daher bringt es den Kindern auch nichts, durch die erwähnte Tür zu schauen. Denn wenn sie diese aufmachen, würden sie nur eine Wand sehen, da nur Weihnachtswichtel diese nutzen können, um in ihre Wohnung hinter der Tür zu gelangen. Das gilt auch für Tomte und Yuna.

Versteckt zunächst alle vorbereiteten Briefe, welche ihr Handschriftlich auf kleinen Briefen niederschreibt, an einem Ort, wo sie die Kinder nicht finden oder schreibt sie erst am selben Abend, damit es zu keinen Konflikten kommt. Alternativ zum eigenen Schreiben könnt ihr die Briefe auch in ganz kleiner Schrift ausdrucken. Achtet aber darauf, dass ihr eine Schrift auswählt, die möglichst wie "selbst geschrieben" aussieht.

Wartet außerdem, bis die Kinder schlafen, bevor ihr den Brief und die Spuren der Wichtel für den nächsten Tag vorbereitet. Es wäre nicht gut, wenn die Kinder euch dabei beobachten, wie ihr alles präpariert.

BASTELANLEITUNGEN

Damit Tomte und Yuna auch in euer Haus einziehen können, braucht ihr eine Eingangstür und einige Dekorationselemente, wie z.b. einen Schlitten, kleine Bäumchen und ganz wichtig: einen kleinen Briefkasten. Doch gehen wir zunächst auf die Tür der Wichtel ein.

Nehmt euch dazu eine Schere, Klebstoff, Farben und Pinsel zur Hand. Dann geht es an das Gestalten der Tür. Verwendet dazu 6 Eisstiele, die ihr in einer Farbe eurer Wahl anmalt und anschließend zusammenklebt, idealerweise mit Heißkleber. Dann befestigt ihr noch einen kleinen Türknauf daran, z.B. eine kleine Kugel aus Modelliermasse. Wenn die Tür etwas weiter über dem Boden hängt, braucht ihr natürlich auch noch eine Leiter.

Dazu nehmt ihr euch weitere Eisstiele, bepinselt sie und klebt sie zu einer kleinen Leiter zusammen. Darüber kommen Tomte und Yuna problemlos auf den Boden. Die Tür könnt ihr dann noch mit einem kleinen Kranz oder einer Schleife verzieren und vor die Tür einen Briefkasten aufstellen. Diesen könnt ihr entweder von einem Puppenhaus verwenden oder aus einer Streichholzschachtel basteln, indem ihr diese einfach bemalt und einen kleinen Schlitz reinschneidet.

Um das Ganze noch realistischer wirken zu lassen, könnt ihr am ersten Tag eine Baustelle vor der Tür aufbauen und in den darauffolgenden Tagen immer mal wieder einen Schlitten dort hinsetzen oder auch die kleinen Schühchen der beiden Weihnachtswichtel, z.B. von fingergroßen Puppen.

Auch kleine künstliche Tannenbäume können den Vorgarten der Wichtel aufwerten und die Kinder in die richtige Weihnachtsstimmung bringen.

TOMTE & YUNA

Anders als beim letzten Mal kommen nun zwei Wichtel in das Haus eurer Familie. Denn Tomte bringt seine kleine Freundin Yuna mit, was übersetzt übrigens "Mond" heißt und die beiden werden euch so manchen Streich spielen, aber dennoch eine schöne familiäre Vorweihnachtszeit bescheren. Dabei steht Spaß, Liebe und ganz viel Freude im Vordergrund.

Bei dem Weihnachtswichtel Tomte handelt es sich um einen männlichen Wichtel, der viele Flausen im Kopf hat und immer weiß, wie man Leben ins Haus bringen kann. Genau wie Yuna, seine liebe Wichtelfreundin, liebt er es kuschelig warm und gemütlich und mag es, Kekse zu essen und heißen Kakao zu trinken.
Beide sind jedoch sehr schüchtern und zurückhaltend und meiden daher die Menschen. Sobald sie gesehen werden, lösen sie sich in Luft auf und kehren nicht zurück, weshalb es so wichtig ist, die beiden in Ruhe zu lassen, um den Geist der Weihnacht durch die beiden Wichtel nicht aus dem Haus zu vertreiben. Diese Argumentation könnt ihr nutzen, um die Kinder daran zu hindern, die Wichteltür in der Nacht zu beobachten.
Der Einzug dieser beiden Wichtel bringt natürlich auch viele Fragen mit sich und deshalb findet ihr auf den folgenden Seiten ein FAQ, welche einige der Fragen beantworten sollte.

FRAGEN UND ANTWORTEN

Wo kommen die Wichtel her?

Tomte und Yuna kommen aus einem Wichtelwald in Schweden, in dem sie mit vielen anderen Wichteln gemeinsam wohnen und leben. Dieser ist für Menschen allerdings nicht zugänglich, da es sich um einen magischen und geschützten Ort handelt.

Wie leben die Wichtel?

Bis vor Kurzem lebte Tomte noch alleine, doch dann haben er und Yuna beschlossen, zusammenzuziehen und leben nun gemeinsam in dem hohlen Baumstamm von Tomte, indem er auch zuvor schon gewohnt hat. Sie haben den Baumstamm allerdings etwas erweitert und somit hat Tomte sogar noch mehr Platz als zuvor.

Auch die Freunde von Yuna und Tomte fühlen sich hier wie zu Hause und deswegen bekommen sie oft Besuch von ihren Freunden und Freundinnen.

Gibt es weitere Wichtel?

Oh ja, und nicht gerade wenige. Es gibt sie in jedem Land und sie lassen sich von der Magie ihrer Vorfahren treiben, und so kommt es, dass sie in so manchen Haushalten vorkommen, um dort lustige Streiche zu spielen und sich in die Herzen der Familien zu schleichen.

Wo gehen Tomte und Yuna nach dem Advent hin?

Tomte und Yuna lieben ihre Freunde und Freundinnen und deswegen treten sie nach Weihnachten wieder die Reise in Richtung Heimat an, also in den Wichtelwald. Hier tauschen sich die Wichtel dann über uns Menschen und unsere Eigenarten aus. Was sie sich wohl über uns erzählen?

Warum leben die beiden Wichtel gerade in unserem Haus?

Die Wichtel suchen sich ihre Familien und ihr vorübergehendes Zuhause sehr genau aus. Dabei ist ihnen aufgefallen, wie lieb und nett die Kinder sind und dass sie die Anwesenheit der beiden Wichtel verdient haben. Vielleicht sind sie ja auch der Meinung, dass sie hier richtig Urlaub machen können und deswegen wollt ihr den Wichteln gemeinsam als Familie ein nettes Zuhause für diese Zeit bieten.

24 MAGISCHE BRIEFE

Es folgen 24 Briefe mit vielen verschiedenen Aufgaben und Botschaften für und an die Kinder. Nach jedem Brief findet ihr außerdem die dazu passende Projekt-Beschreibung für euch als Eltern, damit ihr wisst, wie ihr was vorbereiten solltet und welche Besonderheiten es zu beachten gilt.

Außerdem findet ihr anbei auch die Materialien, welche ihr für die Aufgaben und Projekte benötigt.

1. Dezember

Brief zum 1. Dezember

Hallo liebe*r [Name],

wir sind die Weihnachtswichtel Tomte und Yuna und ziehen nun bis Weihnachten in euer Haus ein. Super oder? Wir freuen uns schon sehr, euch kennenzulernen und vielleicht euch den ein oder anderen Streich zu spielen. Denn eines müsst ihr wissen: Wir lieben Streiche und lustige Aufgaben!
Nun aber genug von uns. Wir möchten auch euch gerne genauer kennenlernen. Könnt ihr dazu vielleicht ein hübsches Familienfoto schießen und uns vor die Tür legen? Wir sind nämlich sehr schüchtern und kommen nur in der Nacht raus, wenn alle schlafen. Wir freuen uns schon, euch kennenzulernen.

Tomte & Yuna

Anleitung zum 1. Dezember

Die Weihnachtswichtel Tomte und Yuna sind heute über Nacht bei euch eingezogen und dementsprechend bereitet ihr in der Nacht vom 30. November auf den 1. Dezember die Tür und den Briefkasten der beiden vor, indem ihr diese entsprechend an die Wand klebt und ggf. noch mit einer kleinen Leiter verseht.

Außerdem sieht es sehr niedlich aus, wenn ihr eine puppengroße Baustelle für den ersten Tag der beiden Wichtel präpariert, also Baustellenschilder, eine Schubkarre, eine Spitzhacke und was euch sonst noch zur Verfügung steht. Alle Dinge sollten maximal die Größe eures Fingers haben, damit sie zu der Größe der Wichtel passen.

Nun finden die Kinder den ersten Brief der beiden und ihr erklärt ihnen ggf. mithilfe des FAQs, was es mit den Wichteln auf sich hat. Anschließend wollt ihr euch dann um die erste Aufgabe kümmern: das Familienfoto. Das muss natürlich brandaktuell sein und deswegen sucht ihr euch nun einen schönen Hintergrund mit passenden Lichtverhältnissen und schießet mit einer Kamera oder einem Smartphone ein Foto. Dieses Foto druckt ihr dann aus und legt es am Abend vor die Tür der Wichtel.

2. Dezember

Brief zum 2. Dezember

Hallo liebe*r [Name],

wir sind wirklich zwei vergessliche Wichtel. Wir haben an alles gedacht: an unsere Bettchen, einen Tisch, Höckerchen, Tassen und Teller, Besteck und sogar an einen Adventskranz aber wisst ihr, was wir vergessen haben? Den Tannenbaum! Könnt ihr euch das vorstellen? Wie konnten wir nur den Tannenbaum vergessen?

Es wäre total lieb, wenn ihr uns einen geschmückten Weihnachtsbaum für unser kleines Zuhause organisieren könntet. Unsere Lieblingsfarben für die Christbaumkugeln sind übrigens rot und weiß. Stellt den Baum am Abend einfach vor die Tür, wir tragen ihn dann in der Nacht zusammen rein.

Tomte & Yuna

Anleitung zum 2. Dezember

Dass die beiden den Tannenbaum vergessen haben, geht natürlich gar nicht! Denn der gehört doch zum Weihnachtsfest einfach dazu. Deswegen geht ihr in einen Wald und sucht dort nach einer Tanne, von der ihr ein Stück abschneiden könnt. Alternativ reicht auch ein Stück eures Christbaums, solltet ihr bereits einen haben. Bastelt anschließend aus Salzteig Christbaumkugeln, bemalt sie und lasst diese anschließend trocknen und klebt sie mit Heißkleber an die Tanne.

Für den Teig benötigt ihr zwei Tassen Mehl, eine Tasse Salz, eine Tasse Wasser und etwas Öl. Das mixt ihr dann alles zusammen und ihr erhaltet tolle Modelliermasse, die ihr bei 140° Ober- und Unterhitze ausbacken lassen könnt. Anschließend stellt ihr die Tanne wie im Brief beschrieben vor die Wichteltür.

3. Dezember

Brief zum 3. Dezember

Hallo liebe*r [Name],
wir haben ganz vergessen, euch für das Foto zu danken. Ihr seht wirklich total nett aus und wir können es kaum erwarten, mehr von euch kennenzulernen. Auch der Tannenbaum war wunderschön, wir haben uns wirklich gefreut. Als Dankeschön haben wir euch auch einen hübsch dekorierten Tannenbaum hinterlassen, hihi. Hoffentlich gefällt es euch.

Tomte & Yuna

Anleitung zum 3. Dezember

Am Abend zuvor nehmt ihr euch euren Christbaum vor: Ihr hängt die Kugeln ab und hängt stattdessen Möhren, Äpfel und was euch sonst noch an Obst und Gemüse in den Sinn kommt, an den Baum.

Solltet ihr noch keinen Weihnachtsbaum bei euch stehen haben, ist das auch kein Problem. Dann nehmt ihr euch einfach eine andere Pflanze und stellt sie offensichtlich in die Nähe der Wichteltür und hängt dort Obst und Gemüse dran. Die Kinder müssen die arme Pflanze dann natürlich von ihrem Wichtel-Schmuck befreien und den Tannenbaum ggf. neu schmücken.

4. Dezember

Brief zum 4. Dezember

Hallo liebe*r [Name],

der Tannenbaum steht nun in unserer Wohnecke und sieht wirklich sehr hübsch aus. Habt ihr euch denn auch über unseren festlich geschmückten Tannenbaum für euch gefreut? Hihi, ihr wart sicher ganz erstaunt, wie toll wir Wichtel die Weihnachtsbäume schmücken können oder?

So, ihr habt jetzt uns und unsere Dekorationskünste etwas kennengelernt und wir euch. Aber wie sieht es mit eurer Umgebung aus, in der ihr lebt? Wir können ja nicht wirklich nach draußen, weil uns dann jemand sehen könnte. Könnt ihr mit dem Handy von eurer Mama oder eurem Papa zusammen ein Film von eurem Lieblingsspielplatz, eurem Lieblingsgeschäft und was ihr sonst noch gerne mögt, machen? Wir fragen uns sehr, wie eure Nachbarschaft aussieht.

Tomte & Yuna

Anleitung zum 4. Dezember

Diese Aufgabe ist eine tolle Gelegenheit, nach draußen an die frische Luft zu gehen und das gleich mit den Wichteln in Verbindung zu bringen. Überlegt euch vorab oder spontan, wo ihr gemeinsam hingehen wollt und gebt euren Kindern dann euer Handy, damit sie die Nachbarschaft mit allen Lieblingsecken filmen können.

Animiert sie zu den Orten etwas zu erzählen, z.B. warum sie diesen besonders gern mögen und was ihn so besonders macht. Am Abend legt ihr dann das Handy vor die Tür, sodass die Wichtel in der Nacht das Video gemeinsam anschauen können.

5. Dezember

Brief zum 5. Dezember

Hallo liebe*r [Name],

wow, eure Gegend sieht ja wirklich gigantisch hübsch und spannend aus! Wisst ihr, wir Wichtel im Wald haben keine so hohen Gebäude wie ihr, aber wir sind ja auch viel kleiner und brauchen nicht so viel Platz. Außer für unseren Keksvorrat, davon haben wir fast ein ganzes Fußballfeld von.

Wusstet ihr, dass morgen der Nikolaus kommt? Er bringt nur Kindern mit geputzten Stiefeln leckere Kekse und Süßigkeiten und vielleicht ja auch ein kleines Präsent. Nutzt heute die Zeit zum Schuheputzen meine Lieben, sonst findet ihr in eurem Stiefel nur ein Stück Kohle.

Tomte & Yuna

Anleitung zum 5. Dezember

Morgen ist Nikolaus und deswegen wollen die Wichtel euren Kindern passend dazu eine nützliche Aufgabe stellen: Schuhe putzen. Das ist ein traditionelles Ritual, welches seit je her dazu genutzt wird, um die Kinder zum Reinigen der Schuhe zu animieren. Nehmt dazu einfach eine Schuhbürste oder bei starken Verschmutzungen ein Stück Kernseife und Wasser. Anschließend legt ihr die Schuhe ggf. dann zum Trocknen auf die Heizung und lasst sie durch die warme Heizungsluft ordentlich trocknen, bevor ihr sie dann am Abend vor die Tür für den Nikolaus stellt.

6. Dezember

Brief zum 6. Dezember

Hallo liebe*r [Name],

wir haben uns gestern eure Schuhe angeschaut und wow, waren die vielleicht sauber! Wie war denn eure Ausbeute, war der Nikolaus gut zu euch? Wir wären auch gerne Kinder und würden etwas vom lieben Nikolaus bekommen. Aber vermutlich machen wir dafür auch zu viel Quatsch.

Was meint ihr, könnt ihr Nikolaus für uns spielen und uns leckere Kekse und ganz vielleicht sogar leckeren Kakao vor die Tür stellen? Das würde uns wirklich total freuen!

Tomte & Yuna

Anleitung zum 6. Dezember

Heute sollen, natürlich passend zur Jahreszeit und zum Anlass, Kekse gebacken werden. Nehmt dazu ein einfaches Mürberezept, für das ihr Folgendes benötigt:

- 175 g weiche Butter
- 100 g Zucker
- 1 Ei
- 300 g Mehl
- 1 Prise Salz

Mixt dann die Butter zu einer cremigen Masse und ergänzt anschließend erst den Zucker und dann das Ei. Im Anschluss fügt ihr noch Mehl und Salz hinzu, bis ein glatter Teig entsteht. Formt eine glatte Kugel, wickelt diese in Frischhaltefolie ein und legt sie für 30 Minuten in den Kühlschrank.

Nun wird der Teig wieder rausgeholt und ausgerollt. Stecht nun mit den Förmchen eurer Wahl Figuren aus und backt die Kekse bei 180 Grad Ober- und Unterhitze für 15-20 Minuten. Verziert die leckeren Kekse dann noch mit Schokolade, Zuckerguss und essbarer Keks-Dekoration.

Am Abend bereitet ihr dann Kakao vor, welchen ihr in zwei kleinen Behältnissen (z.B. Fingerhüte) abfüllt und stellt diesen sowie einige Kekse vor die Tür der beiden Wichtel.

7. Dezember

Brief zum 7. Dezember

Hallo liebe*r [Name],

unsere Bäuche sind noch ganz voll von dem leckeren Kakao und den leckeren Keksen. Mehr hätten wir wirklich nicht verdrücken können. Dankeschön, dass ihr uns eine solche Freude bereitet habt.

Wo bewahrt ihr kleinen Menschen eigentlich unsere Briefe auf? Also wir haben dafür Erinnerungskisten, in denen wir alles aufbewahren. Wäre das nicht auch was für euch, damit ihr unsere Briefe aufbewahren könnt? Schließlich hat man ja nicht immer die Ehre, dass einem zwei Wichtel Briefe schreiben, nicht wahr?

Tomte & Yuna

Anleitung zum 7. Dezember

Heute soll es etwas kreativ werden. Dazu besorgt ihr euch eine Kiste, das Material spielt dabei keine Rolle, wichtig ist nur, dass diese möglichst schlicht ist, damit ihr sie noch gestalten könnt. Dafür besorgt ihr euch Klebstoff, Scheren und Dekorationsartikel, wie beispielsweise bunte Pfeifenreiniger, Perlen, Strasssteine und gerne auch Acrylfarben zum Bepinseln.

Anschließend lasst ihr die Erinnerungskiste über Nacht trocknen, sodass ihr alle Briefe am darauffolgenden Tag von Tomte und Yuna dort hineinlegen und aufbewahren könnt.

8. Dezember

Brief zum 8. Dezember

Hallo liebe*r [Name],

wir haben uns still und heimlich eure Kiste angeguckt und sind wirklich neidisch. So eine schöne Erinnerungskiste hätten wir auch wirklich gerne, vielleicht basteln wir uns so eine im Wichtelwald nach. Das wäre tatsächlich eine schöne Idee... Aber wir wollen nicht vom Thema abschweifen, denn wir haben ein wirklich ernstes Anliegen!

Als wir uns heute Nacht eure Erinnerungskiste anschauen wollten, sind wir überall eure Spielsachen gefallen. Ihr solltet wirklich euer Zimmer aufräumen, denn fast wären wir herumgepurzelt, wie zwei Flummis auf dem Mond. Räumt also besser euer Zimmer auf, ansonsten toben wir heute Nacht wie du Flummis durch eure Zimmer und verwüsten alles. Wir Wichtel sind nämlich kaum aufzuhalten, wenn wir einmal ins Rollen kommen.

Tomte & Yuna

Anleitung zum 8. Dezember

Bei dieser Aufgabe handelt es sich um eine kindgerecht gestaltete Möglichkeit, wie ihr eure Kinder dazu animieren könnt, die Zimmer aufzuräumen. Das könnt ihr ggf. auch wiederholen, indem ihr die Briefe dazu immer wieder anpasst und entsprechend gestaltet. Als weitere Idee: Der Weihnachtsmann bringt nur Geschenke in wichtelsichere Zonen, das sagen zumindest die alten Wichtelweisheiten.

Lasst euch spielerische Dinge einfallen, um die Wichtel so vor unaufgeräumten Zimmern, ähm natürlich Stolperfallen zu schützen.

9. Dezember

Brief zum 9. Dezember

Hallo liebe*r [Name],

danke, dass ihr für uns aufgeräumt habt, das hat uns wirklich unseren Flummi-Popo gerettet. Und eure Zimmer natürlich auch. Wir haben uns heute Nacht übrigens auch so tolle Erinnerungskisten gebastelt, wo wir Briefe sammeln können und...Moment mal... wir haben ja gar keine Briefe, wie wir auf bewahren können.

Aber vielleicht habt ihr ja Lust, jedem von uns einen Brief zu schreiben oder ein hübsches Bild zu malen. Ja genau, das ist es! Nehmt euch alle Zeit, die ihr braucht und legt uns zur Nacht eure Briefe oder eure Bilder einfach an den Postkasten. Wir sind schon ganz kribbelig, was ihr uns wohl schreibt oder malt.

Tomte & Yuna

Anleitung zum 9. Dezember

Die heutige Aufgabe ist selbsterklärend: Die Kinder dürfen sowohl Tomte als auch Yuna einen Brief schreiben oder ein hübsches Bild malen, je nachdem wie weit eure Kinder schon in der Entwicklung sind und worauf sie mehr Lust haben. Der Inhalt ist dabei frei wählbar, entweder erzählen sie darin von ihrem Tag oder malen etwas, das sie gerne mögen.

Vielleicht möchten sie ja auch ein Bild von sich zusammen mit den beiden Wichteln malen oder was sie sich zu Weihnachten wünschen. Lasst den Kindern hierbei freie Hand. Legt die Briefe oder Bilder dann am Abend wie im Brief gewünscht vor oder in den Briefkasten.

10. Dezember

Brief zum 10. Dezember

Hallo liebe*r [Name],

ich schreibe euch in geheimer Mission, hier ist diesmal nur Tomte. Wisst ihr, Yuna ist so ein tolles Wichtelmädchen und ich möchte ihr so gerne eine Freude machen. Allerdings ist sie hier immer an meiner Seite und ich habe einfach keine Möglichkeit, ihr ein Geschenk zu suchen. Diese Aufgabe könntet ihr doch für mich übernehmen, oder?
Sie liebt selbst hergestellten Schmuck, typisch Wichtel-Mädchen halt. Alles was glitzert und glänzt, ist toll, wobei... ich das ja auch sehr schick finde. Ich wäre euch unendlich dankbar, wenn ihr meiner Wichtelfreundin Yuna eine schöne lange Halskette basteln könntet, oder vielleicht sogar zwei oder drei?

Tomte

Anleitung zum 10. Dezember

Tomte braucht unbedingt eine kleine Aufmerksamkeit für seine Wichtelfreundin. Was würde sich da besser anbieten als besonderen Schmuck? Sucht euch etwas Garn oder ein Gummiband und fädelt Perlen und andere kleine Accessoires auf den Faden. Im Anschluss werden die beiden Enden dann gut verknotet und in einem kleinen Schächtelchen vor die Tür der Wichtel gelegt, damit Yuna die Ketten nicht gleich sieht.

Je nach Anzahl eurer Kinder könnt ihr pro Kind eine Kette herstellen lassen, denn eventuell tut Yuna ja etwas Abwechslung ganz gut und so darf jedes Kind eine Kette für die kleine Wichteldame herstellen.

11. Dezember

Brief zum 11. Dezember

Hallo liebe*r [Name],

ihr glaubt nicht, was gestern passiert ist! Tomte hat mich mit Ketten überrascht, ist das zu glauben? Ich frag mich, wo er die her hat, ich war doch die ganze Zeit in seiner Nähe. Nun ja, wie dem auch sei, ich brauche auch unbedingt ein Geschenk für meinen lieben Wichtelfreund, quasi als kleine Revenge. Doch wie schon gesagt, er hängt mir immer am Rockzipfel und deswegen kann ich ihm nichts besorgen. Wäre es vielleicht möglich, dass ihr mir eine Kleinigkeit besorgt?
Ihr wisst ja bestimmt, das Tomte Kakao und Kekse liebt, aber wisst ihr, was er noch ganz besonders toll findet? Geschichten! Schreibt ihm doch eine kleine Geschichte über einen Superwichtel.

Yuna

Anleitung zum 11. Dezember

Natürlich möchte Yuna sich revangieren und Tomte ebenfalls eine Freude bereiten. Da ihr den beiden schon Kakao und Kekse geschenkt habt, hat Yuna sich für eine Geschichte entschieden.

Nehmt dazu kleine Notizblock-Zettel und bindet sie mit einem Stück Wolle zu einem Buch zusammen. Denkt an das Cover, den Namen des Autors bzw. der Autorin und denkt euch eine schöne Geschichte aus. Je nachdem, wie viele Kinder mitmachen, darf natürlich jede*r ein eigenes Buch bin und sich dazu eine Geschichte ausdenken. Packt die Bücher noch als Geschenke ein und legt sie vor die Tür der Wichtel.

12. Dezember

Brief zum 12. Dezember

Hallo liebe*r [Name],

wir haben uns beide sehr über eure Geschichten gefreut. Die waren so spannend, dass wir fast vom Stuhl gefallen sind, aber wir konnten uns noch in letzter Sekunde halten.

Heute Abend wollen wir uns die Geschichten gleich noch mal durchlesen, aber uns gehen die Kerzen aus, die wir uns mitgenommen haben. Könnt ihr uns neue Kerzen, gerne auch mit einem leckeren Duft besorgen? Sonst sitzen wir hier bald im Dunkeln.

Tomte & Yuna

Anleitung zum 12. Dezember

Heute geht es darum, dass ihr entweder gekaufte Kerzen vor die Tür der Wichtel bereitstellt oder ihr selbst Duftkerzen gießt. Dazu könnt ihr altes Wachs in einem alten Topf zum Schmelzen bringen und diese anschließend mit Duftölen mischen. Wenige Tropfen reichen dabei schon.

Nun gießt ihr die Flüssigkeit in kleine Förmchen und bindet einen Docht (lässt sich in Bastelgeschäften oder im Internet kaufen) um einen Zahnstocher. Den Docht taucht ihr gerade hinein, bis dieser am Boden der Form ankommt und den Zahnstocher legt ihr auf den Rand.

Lasst das Ganze gut aushärten und stellt die Kerzen wieder vor die Wichteltür.

13. Dezember

Brief zum 13. Dezember

Hallo liebe*r [Name],

danke für das neue Licht. Wir haben uns auch etwas Tolles für euch einfallen lassen: Wir haben alle eure Schnürsenkel versteckt, ist das nicht superlustig? Ihr könnt jetzt quasi "Verstecken mit Schnürsenkeln" spielen, das habt ihr bestimmt noch nie gemacht. Oh ja, wir sind schon zwei gaaaaaanz besondere Spaßvögel, hihihi.

Tomte & Yuna

Anleitung zum 13. Dezember

Was wären zwei Wichtel ohne eine Portion Schabernack für zwischendurch? Tomte und Yuna haben alle Schnürsenkel eurer Schuhe geklaut und in der ganzen Wohnung versteckt, z.B. in einem Blumentopf, auf dem Fernseher, unter den Kopfkissen und in der Krimskrams-Schublade.

Lasst euch mehrere außergewöhnliche Orte einfallen, auf welche die Kinder nicht gleich kommen. Im Anschluss könnt ihr den Wichteln dann noch einen kleinen Brief schreiben und in den Briefkasten stecken, beispielsweise mit der Botschaft "Ätschibätschi, wir haben alle Schnürsenkel gefunden!"

14. Dezember

Brief zum 14. Dezember

Hallo liebe*r [Name],

ihr habt ja wirklich alle Schnürsenkel gefunden, wie langweilig. Und das muss ich jetzt ausbaden, denn Yuna hat meine Schuhe versteckt. Sie wollte wohl noch länger Verstecken spielen, allerdings nicht mit ihr selbst, sondern mit meinen Schuhen! Also manchmal ist Yuna wirklich ein kleiner Quatschkopf. Sie muss sie irgendwo in euren Zimmern versteckt haben. Ihr kennt ja nun alle guten Verstecke in eurem Haus, könntet ihr mir also helfen und mir meine Schuhe zurückbringen?

Tomte

Anleitung zum 14. Dezember

Natürlich bringt ihr Tomte seine Schuhe wieder. Als Schuhe könnt ihr einfach Puppenschuhe verwenden oder selbst welche basteln bzw. häkeln oder stricken. Diese versteckt ihr dann an einen möglichst schwierigen Ort, sodass die Kinder eine ganze Weile mit Suchen beschäftigt sind, bevor sie Tomtes Schuhe dann im Anschluss finden.

Sobald ihr sie dann gefunden habt, stellt ihr sie an die Tür, gerne auch mit einer Nachricht an Yuna, dass sie diese nicht wieder verstecken soll.

15. Dezember

Brief zum 15. Dezember

Hallo liebe*r [Name],

auch die Schuhe konntet ihr problemlos finden. Ihr seid ja wirkliche Such- und Versteckprofis. Eigentlich müsste man euch für Schatzsuchen engagieren, ihr würdet bestimmt alle Piratenschätze dieser Welt finden. Eure Suche soll natürlich nicht unbelohnt bleiben. Wir haben euch kleine Aufmerksamkeiten hinterlassen, quasi als Dankeschön fürs suchen und das ihr so tolle Gastgeber und Gastgeberinnen seid.
Bei und mit euch wird es wirklich nie langweilig!

Tomte & Yuna

Anleitung zum 15. Dezember

An dieser Stelle hinterlasst ihr kleine Geschenke von den Wichteln an die Kinder. Das muss nichts großes Sein, vielleicht ein Geschichtenbuch über Weihnachten oder ein Gesellschaftsspiel. Am schönsten sind natürlich Dinge, die euch allen etwas nützen und wodurch ihr gemeinsam Zeit miteinander verbringt.

Auch neue Ausstechformen zum Plätzchenbacken oder einen Block mit neuen Wasserfarben reichen völlig aus. Es geht lediglich um eine kleine Aufmerksamkeit von den Wichteln für die Kinder.

16. Dezember

Brief zum 16. Dezember

Hallo liebe*r [Name],

wir haben einen Witz für euch: Was hört man unter einem Baum an der Wurzel? Natürlich einen Wichtel furzen. .... Okay, okay, zugegeben, das war nicht der beste Witz und obwohl wir Wichtel für Witz und Spaß bekannt sind, kennen wir kaum gute Witze. Deswegen haben wir ein Anliegen an euch. Denn wir möchten unsere Wichtelfreunde zum Lachen bringen, sobald wir wieder im Wichtelwald sind. Schreibt uns eure liebsten Witze auf, die wir mit in den Wichtelwald nehmen können und alle zum Lachen bringen werden.

Tomte & Yuna

Anleitung zum 16. Dezember

Nehmt euch kleine Zettel und schreibt eure liebsten Witze darauf. Sollten eure Kinder noch nicht schreiben können, übernehmt ihr das einfach, doch die Witze sollten nach Möglichkeit von den Kindern kommen. Ggf. können sich die Kinder auch eigene Witze überlegen, die dann im Anschluss in den Briefkasten der Wichtel gesteckt werden. Je mehr Witze, desto besser, denn es gibt nichts Schöneres, als gemeinsam zu lachen.

17. Dezember

Brief zum 17. Dezember

Hallo liebe*r [Name],

du große Güte, wir haben Tränen gelacht von euren Witzen. Die müssen wir unbedingt unseren Wichtelkollegen und Wichtelkolleginnen vortragen. Sie werden sich bunt und scheckig lachen. Hoffentlich haben sie danach vor lauter Lachen keine Bauchschmerzen.

Wisst ihr, was wir nun brauchen? Ein gemütliches Candle-Light-Dinner. Dazu brauchen wir hier draußen allerdings noch einen Tisch, Stühle, eine gemütliche Tischdecke und natürlich Kerzen, immerhin heißt es ja Candle-Light-Dinner. Um das Essen kümmern wir uns dann.

Tomte & Yuna

Ihr braucht wieder Eisstiele, Kleber, eine Schere, etwas Stoff, Farben und Pinsel und natürlich Kerzen. Legt vier Eisstiele nebeneinander und klebt sie entsprechend zusammen. An jede Ecke klebt ihr nun mit einer großen Menge Heißkleber (der trocknet schneller als Holzleim) die Beine fest, dabei unterstützt ihr die Kinder natürlich und übernehmt diese Aufgabe in der Not.

Für die Stühle werden jeweils zwei Holzstiele durchgeschnitten und jeweils zwei Teile an einander geklebt. Dann werden die beiden Teile in einem 90° Winkel zusammengeklebt. Schneidet erneut zwei Eisstiele pro Stuhl in zwei und befestigt sie unter der Sitzfläche. Drückt alles gut fest, sodass es einigermaßen stabil ist. Malt die Möbel anschließend noch mit Acrylfarben an und lasst diese gut trocknen, bevor ihr sie dann vor dem Wichtelhaus zurechtstellt.

Im Anschluss dekoriert ihr den Tisch dann noch mit einem Stück Stoff, welcher als Tischdecke dient und einigen Kerzen rings um die Möbel herum. Am nächsten Tag sollten die nach Möglichkeit abgebrannt oder zumindest deutlich sichtbar genutzt worden sein. Gerne dürfen auch Brotkrümel hinterlassen werden, schließlich haben hier zwei übermütige Wichtel gegessen.

18. Dezember

Brief zum 18. Dezember

Hallo liebe*r [Name],

der Abend gestern war so schön und das haben wir euch zu
verdanken. Danke, dass ihr uns so eine schöne Zeit bei euch
bescheret.

Wusstet ihr, dass der Name "Yuna" "Mond" bedeutet? Deshalb
mögen wir es auch so gerne, den Mond und die Sterne zu
beobachten, irgendwie hat der, genau wie wir, etwas
Magisches an sich, was man sich nicht erklären kann.

Nach dem gelungenen Abend von gestern wollen wir uns heute
Abend den Nachthimmel anschauen. Könnt ihr uns dafür zwei
Decken und zwei Kissen auf einer Fensterbank vorbereiten?

Tomte & Yuna

Anleitung zum 18. Dezember

Sucht euch etwas, das ihr zu kleinen Kissen und Decken verarbeiten könnt. Entweder nehmt ihr dazu kleine Stoffstücke, die ihr zusammennäht und teilweise mit Watte füllt, oder ihr nehmt euch entsprechende Teile aus einem Puppenhaus.

Legt dann alles auf einer Fensterbank breit, wo Tomte und Yuna in der Nacht in Ruhe den nächtlichen Himmel ungestört beobachten können.

Am nächsten Tag liegen diese natürlich sichtlich genutzt und unaufgeräumt auf der Fensterbank.

19. Dezember

Brief zum 19. Dezember

Hallo liebe*r [Name],

wir dachten, etwas Schabernack würde euch mal wieder guttun. Die Idee ist uns beim Beobachten der Sterne und des Mondes gekommen, toll oder?

Und zwar haben wir Maronen versteckt. Ihr kommt niemals drauf, wo die sind. Doch ihr solltet sie suchen, denn wenn nicht, werden euch bestimmt bald Eichhörnchen überfallen, um sie euch zu klauen. Macht euch also auf die Suche nach den Maronen und wenn ihr euch geschickt anstellt, könnt ihr sie sogar zubereiten und anschließend essen, bevor sich die Eichhörnchen darüber hermachen.

Tomte & Yuna

Anleitung zum 19. Dezember

Ihr verteilt zunächst am Abend zuvor die Maronen in allen Jacken- und Manteltaschen, welche die Kinder dann nach dem Lesen des Briefs suchen müssen. Dann werden diese ganz einfach im Backofen zubereitet.

Dazu werden die Maronen mit einem Messer auf einer Seite eingeritzt und zwar in Form eines Kreuzes. Dabei müsst ihr unbedingt darauf achten, dass die Schale vom Kern getrennt ist, sodass die Hitze vollständig an den Kern gelangen kann. Verteilt die Maronen anschließend auf einem Backblech und stellt eine Ofenfeste Schale mit Wasser dazu. Bei 200° Ober- und Unterhitze werden die Maronen dann für ca. 20-30 Minuten geröstet. Sobald die Schale sich wölbt, sind sie in der Regel fertig und nach kurzer Abkühlzeit könnt ihr sie dann essen.

20. Dezember

Brief zum 20. Dezember

Hallo liebe*r [Name],

wir haben zwar einen Schlitten aus dem Wichtelwald
mitgebracht, aber in eurer Wohnung hat es irgendwie immer
noch nicht geschneit. Ist es bei euch üblich, das zur
Weihnachtszeit kein Schnee in der Wohnung zum Rodeln liegt?
Wir möchten so gern den Schlitten ausprobieren und es wäre
wirklich total lieb, wenn ihr es dafür für uns schneien lasst.
Eventuell klappt es ja, wenn ihr einen Schneetanz aufführt?

Tomte & Yuna

Anleitung zum 20. Dezember

Natürlich sollt ihr jetzt keinen Schnee von draußen ins Haus holen, der binnen weniger Minuten schmilzt. Ihr nehmt stattdessen Mehl zur Hilfe. Außerdem benötigt ihr ein Sieb, einen Kochtopf, etwas Klebeband, eine selbst gebastelte Leiter in Wichtelgröße (z.B. aus Eisstielen zusammengeklebt) und ein dickes Stück Pappe.

Die Pappe wird mit dem Klebeband auf den Kochtopf geklebt, sodass eine Schräge und dadurch eine Rodelbahn entsteht. Anschließend lehnt ihr noch die leider an dem Kochtopf an und bepudert mit dem Mehl durch das Sieb die Rodelbahn und alles rund um das Wichtelhäuschen, schließlich haben sich die Wichtel für diese Nacht Schnee gewünscht.

In der Nacht präpariert ihr dann Spuren von Schlittenfahrten und kleinen Wichtelfüßen, sodass die Kinder am 21.12. sehen, dass die Wichtel aktiv waren.

21. Dezember

Brief zum 21. Dezember

Hallo liebe*r [Name],

für uns Wichtel gibt es nichts Schöneres, als Zeit mit unseren Freunden und unseren Familien zu verbringen. Wir machen Lagerfeuer, veranstalten Tanzabende, spielen gemeinsam lustige Spiele und natürlich darf dabei auch der ein oder andere Streich nicht fehlen. Ihr habt ja bestimmt auch schon gemerkt, was für lustige Spaßwichtel wir sind.

Und weil uns die Zeit mit der Familie so kostbar ist, sollt auch ihr in diesen Genuss kommen. Macht deshalb gemeinsam einen Spielenachmittag oder einen Spieleabend und verbringt gemeinsam die Zeit miteinander.

Tomte & Yuna

Anleitung zum 21. Dezember

Sucht euch eure liebsten Gesellschaftsspiele raus, bereitet Kakao und Kekse (oder was ihr sonst gerne mögt) vor und verbringt den Tag zusammen als Familie. Dabei steht Spiel und Spaß im Vordergrund.

Auch mit Malen und Basteln könnt ihr euch am gemeinsamen Familiennachmittag beschäftigen, Hauptsache, ihr verbringt gemeinsam Zeit miteinander, denn das ist mit das Schönste in der Weihnachtszeit.

22. Dezember

Brief zum 22. Dezember

Hallo liebe*r [Name],

na, wie hat euch der Familiennachmittag gestern gefallen? Haben euch die Spiele Spaß gemacht und habt ihr noch etwas anderes unternommen? Wir haben euer Gelächter bis in unsere Wichtelwohnung gehört und das hat uns das Herz aufgehen lassen.

Doch so einladend und warm die Stimmung auch bei euch war, brauchen wir dennoch Feuerholz, um unser Kämmerchen warmzuhalten. Das ist jedoch leider etwas knapp und deswegen möchten wir euch bitten, auf dem Boden liegende Äste zu sammeln, damit wir es bis Weihnachten noch muckelig warm haben. Stapelt das Holz gerne vor unserer Tür.

Tomte & Yuna

Anleitung zum 22. Dezember

Tomte und Yuna haben in ihrem Zimmer einen Kamin bzw. einen Ofen und für diesen benötigen sie Brennstoff. Geht deshalb nach draußen, idealer Weise in einen Wald oder in die Nähe von vielen Bäumen und sammelt Stöcker und kleine Äste, welche auf dem Boden liegen.

Zu Hause angekommen stapelt ihr dieses dann neben der Wichteltür, sodass die beiden Wichtel sich das Holz in der Nacht in ihr Zimmerchen holen können.

23. Dezember

Brief zum 23. Dezember

Hallo liebe*r [Name],

danke für das Feuerholz. Wir konnten es uns nun wieder richtig kuschelig warm machen. Als Belohnung haben wir euch einen kleinen Streich gespielt, schaut euch mal das Obst und Gemüse in der Küche an. Sieht das nicht fantastisch aus?
Wir hoffen, dass ihr euch über die kleine Heiterkeit erfreuen werdet.

Tomte & Yuna

Anleitung zum 23. Dezember

Diese Sache muss einfach immer dabei sein, wenn ihr einen Weihnachtswichtel in euer Haus ziehen lasst: Wackelaugen auf Obst und Gemüse. Das bereitet ihr wieder am Abend vorher, direkt vor dem Schlafen gehen vor, also möglichst spät, damit die Kinder diesen Streich nicht schon am Abend zu Gesicht bekommen, sollten sie doch noch mal aufstehen.

Natürlich müsst ihr das Obst und Gemüse von den Wackelaugen (die ihr übrigens in jedem Bastelladen bekommt) befreien.

24. Dezember

Brief zum 24. Dezember

Hallo liebe*r [Name],

der Tag der Abreise ist nun gekommen und wir blicken sowohl mit einem lachenden als auch mit einem weinenden Auge auf die Zeit mit euch zurück. Lachend, weil es einfach so schön und lustig bei euch war und traurig, weil wir nun gehen müssen. Aber wer weiß, vielleicht lesen wir uns ja im nächsten Jahr schon wieder.

Wir werden nun unsere Koffer packen und würden uns wirklich sehr über einen kleinen Abschiedsbrief von euch freuen, den wir im Wichtelwald dann immer wieder lesen können, wenn wir euch vermissen.

Ihr seid tolle Kinder und wir hoffen wirklich sehr, euch im nächsten Jahr wieder besuchen zu dürfen.

Tomte & Yuna

Anleitung zum 24. Dezember

Der letzte Tag mit Tomte und Yuna ist nun gekommen und da heißt es Abschied nehmen. Gerade weil heute Heiligabend ist und den Kindern am heutigen Tag Beschäftigung guttut, solltet ihr euch dafür ganz viel Zeit lassen.

Schreibt einen Brief, malt Bilder oder bastelt kleine Geschenke für die Wichtel zum Abschied. Ein Abschiedsbrief sollte aber in jedem Fall dabei sein. Legt die Sachen bereit und in einem unbeobachteten Moment lasst ihr alles verschwinden, denn auch Tomte und Yuna wollen im Wichtelwald zusammen mit ihrer Familie und ihren Freunden Weihnachten feiern. Und sobald die Wichtel verschwinden, verschwindet auch die Magie und somit die Tür und alles, was die Wichtel mit sich gebracht haben.

ERSATZ-IDEEN

Hier findet ihr weitere Ideen und Alternativen, falls die vorgeschlagenen Projekte für euch nicht passen sollten. Ggf. müsst ihr dann die Briefe etwas anpassen, die davor bzw. danach von Tomte und Yuna geschrieben worden sind.

Ersatz-Idee 1

Brief

Hallo liebe*r [Name],

wir haben uns wohl etwas verkühlt und totalen Wichtelschnupfen bekommen. Ihr müsst ganz schön aufpassen, denn ein ordentliches Wichtelniesen kann ein Erdbeben auslösen. Daher brauchen wir schnell etwas Medizin. Könnt ihr uns am Abend einen Pfefferminztee oder eine heiße Milch mit Honig zubereiten? Beides wirkt wirklich Wunder bei einer Wichtelerkältung.

Tomte & Yuna

Anleitung

Bevor die Kinder ins Bett gehen, können sie die heiße Milch mit Honig oder den Tee in einem kleinen Fingerhut (oder ähnlichem) servieren. Anschließend lasst ihr diese dann über Nacht verschwinden und ggf. könnt ihr noch einen Zettel mit einem "Danke" an das benutzte Geschirr lehnen.

Ersatz-Idee 2

Brief

Hallo liebe*r [Name],

heute ist Ausflugstag, liebe Kinderchen! Das bedeutet, ihr überredet heute eure Mama oder euren Papa mit euch etwas ganz ganz Tolles zu unternehmen und im Anschluss möchten wir natürlich wissen, was ihr Aufregendes erlebt habt. Immerhin wissen wir ja nicht, wie es so als Menschenkind ist und was ihr gerne unternehmt.

Vielleicht der Besuch in einem Schwimmbad oder einem Zoo? Oder vielleicht sieht euer perfekter Tag ja auch so aus, dass ihr Socken sortiert. Egal was ihr auch macht: Malt uns unbedingt ein Bild davon.

Tomte & Yuna

Anleitung

Für dieses Projekt verbringt ihr einen Ausflugstag miteinander. Dabei solltet ihr den Kindern möglichst freie Hand lassen und ihnen den Wunsch erfüllen, besondere Zeit mit euch zu verbringen. Im Anschluss setzt ihr euch dann bei einer heißen Tasse Tee zusammen und malt ein Bild von dem, was ihr heute erlebt habt.

Alternativ könnt ihr auch einen kleinen Tagebuch-Eintrag schreiben und die Ergebnisse dann vor die Wichteltür legen.

Ersatz-Idee 3

Brief

Hallo liebe*r [Name],

Familie geht für uns Wichtel wirklich über alles und daher haben wir uns überlegt, dass es doch total klasse wäre, wenn ihr euch gegenseitig bewichtelt. Hihi, wie witzig. In dem Wort steckt ja das Wort "Wichtel". Nun ja, was sollen wir sagen, wir sind eben ziemlich beliebt.

Gestaltet einen Gutschein, z.B. für einmal Spülmaschine ausräumen oder bastelt einen Weihnachtsmann aus einem Baumstamm und etwas Farbe. Das Beste was ihr schließlich machen könnt ist, den Menschen die ihr liebt, eine Freude zu machen.

Tomte & Yuna

Anleitung

Schreibt eure Namen auf Zetteln, faltet diese und lasst sie ziehen, bis alle einen anderen Namen als ihren eigenen gezogen haben. Im Anschluss geht es dann an die Umsetzung. Überlegt euch, was der anderen Person Freude bereiten würde und gestaltet diese Idee. Im Anschluss werden die Wichtelgeschenke dann ausgetauscht.

Ersatz-Idee 4

Brief

Hallo liebe*r [Name],

wie lieben es zu Frühstücken, besonders mit leckeren Eiern. Ihr auch?
Nun, ihr werdet heute auf eurem Frühstückstisch eine ganz besondere Überraschung erleben, hihi. Schaut euch dazu einfach eure Frühstückseier ganz genau an, dabei wird euch sicherlich etwas Außergewöhnliches auffallen.

Tomte & Yuna

Anleitung

Bei diesem Streich haben Tomte und Yuna lustige Gesichter und Fratzen auf die Eierschalen gemalt. Macht dies möglichst nach dem Kochen der Eier, da die Farbe ansonsten beim Kochen entfernt wird und die Eier somit verschmieren.

Ersatz-Idee 5

Brief

Hallo liebe*r [Name],

ihr habt soooooo viel Spielzeug, dass ihr ja bald gar nicht mehr wisst, wohin damit. Wir sind sogar über einige Sachen gestolpert, weshalb wir uns überlegt haben, euer Spielzeug zu verstecken. Mal sehen, ob ihr etwas vermisst und ob ihr es im Anschluss wieder findet. Ansonsten dürfen wir es behalten, abgemacht?

Tomte & Yuna

Anleitung

Tomte und Yuna werden nicht das Spielzeug eurer Kinder klauen, aber es schadet nicht, einige Spielsachen zu verstecken und mal zu schauen, welche Gegenstände sie überhaupt vermissen. Besonders gut ist dieser Streich geeignet, wenn die Kinder sich weigern, ihr Zimmer aufzuräumen.

Als Konsequenz, weil die Wichtel über alles gestolpert sind, haben sie so manche Spielsachen einfach versteckt. Lasst die Kinder suchen und schaut, was sie wiederfinden. Ggf. könnt ihr ihnen zum Schluss helfen, damit Tomte und Yuna das Spielzeug nicht mitgehenlassen.

Ersatz-Idee 6

Brief

Hallo liebe*r [Name],

wir waren heute in der Geschenkeabteilung und haben einige unserer Wichtelfreunde und Wichtelfreundinnen besucht. Und ja, ihr habt richtig gehört, wir waren in DER Geschenkeabteilung, in der vom Weihnachtsmann. Manche von uns helfen dem Weihnachtsmann nämlich bei der Herstellung von Geschenken, süßen Leckereien und beim Beladen des Schlittens und der Pflege seiner Rentiere.

Dabei haben wir sooooooo viele tolle Sachen gesehen, uns kreist immer noch der Kopf. Spielzeugautos, Puppen und Teddybären bis an die Decke gestapelt, Geschenkpapier, dass man damit die ganze Welt einpacken könnte und riesige Berge an Schokolade, Zuckerstangen und Mandarinen. Und das war noch lange nicht alles, aber es würde viel zu lange dauern, euch all die Dinge zu nennen, die wir heute gesehen haben.

Im Anschluss durften wir eine Kelle aus dem Schokobrunnen probieren und wir durften eine Runde mit dem Schlitten fahren, während die Rentiere und durch die Lüfte gezogen haben. Das war vielleicht eine Aufregung. Was glaubt ihr, was wir sonst noch in der Geschenkewerkstatt gesehen haben?

Tomte & Yuna

Anleitung

Hier bekommen die Kinder keine Aufgabe, sondern einfach eine kurze Geschichte in Form eines Briefs vermittelt. Diese Aktivität ist besonders an einem stressigen Tag gut geeignet, z.B. wenn ihr eine lange Autofahrt vor euch habt oder ihr viel Programm habt.

Der Fokus liegt dabei auf dem Vorlesen der kurzen Geschichte, gerne in Verbindung mit einer ausgiebigen Kuscheleinheit. Im Anschluss, wenn ihr die Frage der Geschichte vorgelesen habt, sprecht ihr dann über die Vorstellungen, welche die Kinder von der Weihnachtswerkstatt haben.

NOCH MEHR WICHTEL-IDEEN

Das erste Buch mit Wichtel Tomte:

„Weihnachtswichtel Tomte zieht ein"
Autor: Daniel Seiler
ISBN: 9783754316238